DISCOURS

PRONONCÉ

Par M. le Curé RIGO

PENDANT LE SERVICE FUNÈBRE QUI A EU LIEU,

POUR LE REPOS DE L'AME

DE MONSEIGNEUR

CASANELLI D'ISTRIA

ÉVÊQUE D'AJACCIO,

DANS L'ÉGLISE DE SAINT JEAN-BAPTISTE DE BASTIA

LE 29 OCTOBRE 1869.

BASTIA

IMPRIMERIE FABIANI.

—

1869.

Mes Très-Chers Frères ,

La mort d'un bon Évêque est toujours un grand sujet d'af-
fliction pour ses diocésains. C'est le pasteur qui manque à son
troupeau , le père à ses enfants , le maître à ceux qui appre-
naient de lui la science du salut. Tous ces liens se brisent, et
la séparation est d'autant plus douloureuse qu'elle était moins
attendue.

Mais aujourd'hui, Mes très-chers Frères , nous ne pleurons
pas seulement notre Pasteur. Celui à qui nous rendons les
derniers devoirs a été le réformateur et le régénérateur de la
Corse ecclésiastique.

S'il fût venu s'asseoir sur le siége épiscopal pour gouverner
une Église déjà organisée, il eût certainement acquis assez de
titres à notre vénération et à notre reconnaissance , par les
travaux et les fatigues de toute sorte que lui eût coûtés , pendant une si longue carrière , la simple administration d'un
diocèse tel que le nôtre.

Mais vous savez, Mes très-chers Frères, dans quel état il le trouva. Tout était à créer ou à refaire.

Les églises de notre île, bien qu'elles se fussent longtemps ressenties du désordre causé par les guerres civiles ou étrangères, avaient eu de beaux jours. Pendant l'intervalle qui s'écoula depuis le saint concile de Trente jusqu'à la guerre de l'indépendance, on avait vu dans les cinq diocèses que renfermait la Corse, la discipline rétablie, les études ecclésiastiques en honneur, le culte florissant, les ordres religieux établis partout, et contribuant très-activement à répandre, dans les villes comme dans les campagnes, avec la connaissance des vérités évangéliques, ces habitudes chrétiennes qui jetèrent sur notre sol des racines si profondes. Trop souvent, il est vrai, les funestes passions qui armaient les uns contre les autres les individus et les familles venaient entraver l'action de la religion. Cependant la foi était vive et les mœurs d'une pureté dont il ne nous reste plus que le souvenir.

Après la guerre de l'indépendance, la discipline, troublée par les évènements qui avaient séparé les évêques de leurs ouailles, reprit toute sa vigueur. Le présent était prospère et l'avenir se présentait sous des couleurs riantes lorsque la révolution éclata.

Le Concordat rétablit officiellement en Corse le culte qui s'y était toujours maintenu de fait. Mais, sous le rapport ecclésiastique, notre sol demeurait couvert de ruines. Ce qu'on relevait était si peu de chose, qu'à la vue d'une semblable restauration, les fidèles avaient bien sujet de se réjouir et de pleurer en même temps, comme les Juifs qui en voyant rebâtir, après la captivité, le temple de Jérusalem, et en comparant à la grandeur de l'ancien édifice les modestes dimensions de celui qu'on allait construire, ne pouvaient retenir leurs larmes.

Sans doute les ruines n'existaient pas seulement en Corse;

mais elles étaient ailleurs moins lugubres, parce que la des-
truction , dans ce qu'elle avait de définitif, ne présentait pas,
au même degré, un caractère d'opposition avec les besoins, les
traditions et les intérêts du pays ; parce qu'ailleurs on n'avait
à lutter ni contre la même pauvreté, ni contre les mêmes dif-
ficultés intérieures , ni contre le même isolement. Tandis que
sur le continent la vie circulait et prenait sans cesse de nouveaux accroissements dans toutes les parties du corps ecclésiastique , la Corse continuait à offrir le spectacle d'une vraie
désolation.

Les cinq diocèses réduits à un seul ; les séminaires supprimés ; les églises dépouillées de leurs biens ; les communautés
religieuses, qui avaient si longtemps et si efficacement travaillé pour instruire nos populations et pour adoucir leur rudes-
se , abolies jusqu'à la dernière ; les monastères déserts et
ruinés ou livrés à des usages profanes ; le fonds de foi et de
piété que nous avaient légué nos ancêtres s'épuisant peu à peu
sans qu'aucun nouveau secours vînt le renouveler ; un clergé
qui n'exerçait plus une action assez puissante, soit parce que
les nouvelles ordinations ne pouvaient plus être entourées des
garanties nécessaires , soit parce que les vétérans du sacer-
doce pliaient sous le faix des années et disparaissaient l'un
après l'autre.

Le vénérable chef du diocèse, malgré ses excellentes intentions et la piété qui le distinguait, ne trouvait ni en lui-même
ni autour de lui des ressources proportionnées aux exigences
de la nouvelle situation. Avancé en âge et appartenant, ainsi
que ses collaborateurs, au passé beaucoup plus qu'au présent,
il ne pouvait faire, pour relever son Eglise, que des efforts in-
fructueux.

Mgr Casanelli d'Istria lui succéda , et il parut bien que la
Providence l'avait choisi et préparé pour ce glorieux ministère. Il montait sur le siège épiscopal dans un âge peu avan-

cé, plein de vigueur et de résolution, avec une parfaite connaissance des besoins spirituels du pays et la ferme volonté d'y pourvoir. Son esprit cultivé par les brillantes études qu'il avait faites à Rome, son expérience déjà formée par les fonctions de vicaire général qu'il venait d'exercer à Auch, sa dextérité dans le maniement des affaires, ses relations avec d'éminents personnages de France et d'Italie, la merveilleuse facilité avec laquelle il gagnait la confiance et l'affection de ceux qui l'approchaient, tout semblait conspirer au succès de l'œuvre qu'il allait entreprendre.

Il comprit, dès le commencement, que nous ne pourrions pas nous suffire à nous-mêmes, qu'il fallait demander au continent français des prêtres animés de cet esprit créateur, je dirais presque audacieux, qui marche toujours devant lui sans s'embarrasser des obstacles. Il sut les trouver, et ce ne fut pas un de ses moindres mérites que d'avoir appelé auprès de lui des collaborateurs dont le concours lui permit de réaliser tant d'utiles desseins.

Le rétablissement de la discipline et des études ecclésiastiques devait être et fut, en effet, le premier et le principal objet de ses travaux. Il poursuivit ce but avec une ardeur et une persévérance infatigables, et bien que les grandes œuvres ne se développent que lentement, il a pu se réjouir, avant de quitter ce monde, de voir la moisson s'élever et mûrir sur le champ qu'il avait arrosé de ses sueurs.

De toutes les réformes entreprises par Mgr Casanelli d'Istria, celle-ci est la plus connue et la mieux appréciée. S'il n'eût aspiré qu'à obtenir les louanges du monde, il eût, sans doute, jugé prudent de ne pas aller plus loin.

Mais la réformation du clergé, si urgente qu'elle fût, n'était que le prélude d'un travail beaucoup plus vaste et plus difficile, c'est-à-dire, de la réformation des laïques. Réprimer certains abus dont on pouvait triompher à force de courage et

de persévérance n'était que la plus petite partie de cette tâ-
che ingrate. Il fallait remonter aux sources de tous les égare-
ments et de tous les désordres, lutter contre les fausses doc-
trines, contre les opinions perverses qui nous envahissent de
toutes parts et menacent la foi dans son essence même, contre
la corruption des mœurs érigée en principe et glorifiée dans
une foule d'écrits que le continent nous envoie; contre l'er-
reur de ceux qui ne cessent point de réclamer le bénéfice
d'une entière liberté pour tout ce qui est mauvais et scanda-
leux, tandis qu'ils ne veulent accorder ni droits ni liberté
d'aucune sorte aux chrétiens qui font profession de suivre
non seulement les préceptes, mais encore les conseils de
N. S. J. C.

Avec quelle ardeur et quelle constance Monseigneur ensei-
gna la vraie doctrine et condamna tout ce qu'elle repousse, vous
ne l'ignorez point, Mes très-chers Frères. Vous avez lu et
admiré ces nombreux mandements et lettres pastorales qui, en
exposant successivement toutes les vérités divines, signalaient
et réfutaient les erreurs du siècle. On sait aussi combien le
vénérable Prélat s'appliquait, dans ses visites pastorales, à
prêcher la parole de Dieu d'une façon familière et accessible à
tous, de sorte qu'en s'adressant d'abord aux enfants, il finis-
sait par donner à toute l'assistance les conseils et les avis que
réclamait l'état de chaque population.

En même temps qu'il enseignait, il usait de son pouvoir et
de son influence pour ramener dans le droit chemin ceux qui
s'en écartaient.

Les abus qui donnaient prise à l'action répressive de l'autorité spirituelle furent attaqués, amoindris, et même tout à
fait supprimés dans les choses où la suppression totale était
possible. Ainsi, on ne vit plus les laïques prendre la parole
dans le lieu saint, pour y débiter des discours d'où la foi et la
religion étaient trop souvent absentes. Ainsi, après une lutte

très-vive et très-prolongée, nos églises cessèrent d'être livrées aux assemblées électorales qui leur donnaient l'aspect d'une place publique et quelquefois d'un champ de bataille.

Le désordre des mœurs fut attaqué et réprimé, autant qu'il pouvait l'être, par la mise à exécution des lois pénales portées par l'Église contre certaines classes de pécheurs ; lois odieuses à plusieurs, parce qu'ils voudraient une Église sans autorité et sans influence sur les mœurs publiques, parce qu'ils n'acceptent point le règne de J. C. sur la société ; mais lois utiles et salutaires à cause des scandales qu'elles préviennent et des services qu'elles rendent à tous, même aux indisciplinés et aux rebelles, en leur rappelant des vérités qui pourront toujours les convertir et les sauver, tant qu'elles ne seront pas entièrement effacées de leur mémoire.

Notre vénérable Évêque, après avoir rétabli, sous ce rapport, la sévérité de la discipline, la maintint en dépit des critiques et des oppositions qu'elle avait suscitées. Il ne s'émut pas davantage de ce qui se disait et s'imprimait contre les communautés religieuses qu'il avait établies dans son diocèse, et dont il fut toujours le protecteur, l'ami et le bienfaiteur.

Il savait que les ordres religieux sont le fruit naturel et, en quelque sorte, nécessaire des conseils évangéliques ; que dans tous les temps et dans tous les lieux où la persécution, sous ses diverses formes, ne comprime pas le corps mystique de J. C., on voit la vie religieuse, la vie des couvents, se former, s'épanouir, et apporter à l'Église cet accroissement de vertus, de piété, de sainteté, en un mot, ce surcroit de force spirituelle, parfaitement connu et apprécié par l'Eglise aussi bien que par ses ennemis, puisque l'Église met autant de zèle à défendre ces précieuses institutions, que ses ennemis mettent d'ardeur et d'acharnement à les combattre et à les détruire.

Monseigneur savait aussi quels étaient, à cet égard, les vrais sentiments de nos populations. Il les voyait empressées à seconder la fondation de ces établissements , à les soutenir par leurs aumônes, et à profiter des secours spirituels qu'elles recevaient en échange de leurs libéralités.

Il savait, enfin, qu'un chrétien et surtout un Évêque, s'il veut être fidèle à son devoir, ne doit pas subir l'influence de ces préjugés , de ces passions particulières à certains lieux ou à certaines époques, et qui, sous le nom d'esprit moderne , obtiennent une sorte de domination , jusqu'à ce qu'elles soient détrônées par des idées encore plus modernes , c'est-à-dire plus conformes à de nouveaux goûts et à de nouveaux caprices. Au milieu de tous ces changements, la religion demeure immuable , toujours ancienne et toujours nouvelle comme Dieu dont elle émane; elle n'est pas et ne peut pas être la religion d'un siècle , mais elle est la religion de tous les siècles, parce que de siècle en siècle et de génération en génération , c'est toujours J. C. qui, selon sa promesse, prêche , enseigne et régénère les âmes par le ministère de ses envoyés.

Jamais le désir d'augmenter sa popularité n'arracha de concessions à notre Évêque , ni sur les questions que tout le monde regarde comme principales et essentielles , ni sur celles que beaucoup de gens voudraient regarder comme indifférentes, parce qu'elles ne tiennent pas à la foi proprement dite, bien qu'elles fassent partie de l'enseignement catholique , et qu'elles aient, aux yeux de l'Église , une très-grande importance. Il demeura sur tous les points fermement attaché à la doctrine catholique , à la doctrine romaine; tous ses écrits et tous ses actes en font foi.

Il fut du nombre de ces Évêques qui , assemblés à Rome en 1862 , à l'occasion de la canonisation des martyrs Japonais , adressèrent au Pape une déclaration où se lisaient les paroles suivantes :

« Vous êtes pour nous le maître de la saine doctrine; vous « êtes le centre de l'unité; vous êtes pour les peuples la lu-

« mière indéfectible préparée par la sagesse divine. Quand
« vous parlez , c'est Pierre que nous entendons ; quand vous
« décrétez, c'est à J. C. que nous obéissons. »

Ainsi s'exprimaient les Évêques. Ils affirmaient ensuite que
dans l'état présent des choses humaines , le pouvoir temporel
du Saint-Siége est absolument nécessaire comme sauvegarde
du pouvoir spirituel ; que chacun le sait, et qu'on n'attaque-
rait pas avec tant de fureur le pouvoir temporel du Pape , si
l'on n'en voulait pas, avant tout, à sa souveraineté spirituelle.

Monseigneur était heureux d'avoir pu s'associer à une dé-
marche aussi importante, dans des conjonctures qui en aug-
mentaient le prix et le mérite. Dernièrement, il se réjouis-
sait d'être appelé à remplir une mission encore plus élevée
et plus utile à l'Église. Le prochain Concile général était
l'objet de toutes ses préoccupations. Nous savions avec quel
soin il examinait l'état de la discipline dans son diocèse , soit
en lui-même , soit en le comparant à celui des diocèses voi-
sins. Les travaux auxquels il se livrait sous ce rapport, nous
étaient connus par les questions qu'il nous adressait.

Il avait dû aussi se préparer à discuter des questions bien
autrement importantes que celles où la discipline seule est
intéressée. Quant à la manière dont il les aurait résolues, on
peut bien dire qu'elle était connue d'avance. Nous nous atten-
dions à le voir se prononcer nettement et franchement pour
la doctrine romaine qui fut toujours la sienne, et qui est, en
dépit de quelques oppositions, celle de tout le monde catholique. Les opinions singulières qui contiennent en germe les
schismes, les Églises nationales, les hérésies, les apostasies,
auraient trouvé auprès de lui un accueil peu flatteur.

Dieu lui tiendra compte des saints désirs qui l'animaient
lorsque son dernier moment est venu. Rome ne le verra pas
arriver pour prendre part aux travaux du Concile ; mais
devant le souverain Juge à qui rien n'est caché, et qui récom-

pense nos bonnes intentions lorsqu'il n'a pas tenu à nous que les actes ne les suivissent, il aura tout le mérite de la fidélité avec laquelle il aurait défendu la foi, la religion, l'Église, contre les efforts conjurés des sectes anti-chrétiennes, et contre les malheureuses tendances de certains catholiques.

Quant à nous, Mes très-chers Frères, bien que nous n'ayons plus le bonheur de le posséder, ses enseignements nous restent et nous continuerons à les suivre. Au milieu de cette confusion d'idées et de cette absence de principes qui caractérisent la société actuelle, nous tournerons nos regards vers Rome comme vers le phare qui éclaire notre route. Nous prêterons une entière obéissance aux décrets de ce Concile qui inspire tant d'espoir aux enfants de l'Église et tant d'inquiétudes à ses ennemis. Nous obéirons surtout au successeur de Saint-Pierre, à qui N. S. J.-C. a conféré le pouvoir de gouverner et de diriger toute la société chrétienne, depuis les simples fidèles jusqu'aux pasteurs eux-mêmes. Et c'est par là principalement que nous demeurerons unis au Pasteur que nous pleurons, et à tous les saints Pontifes qui, après avoir travaillé sur la terre à étendre et à consolider le règne de l'Evangile, se reposent dans le sein de Dieu de leurs longues fatigues. Fasse le Ciel qu'en nous appuyant sur leur doctrine et sur leurs exemples, nous marchions d'un pas assuré vers la céleste demeure, où les pasteurs et les brebis, réunis pour toujours, célébreront ensemble les bienfaits de la divine miséricorde.